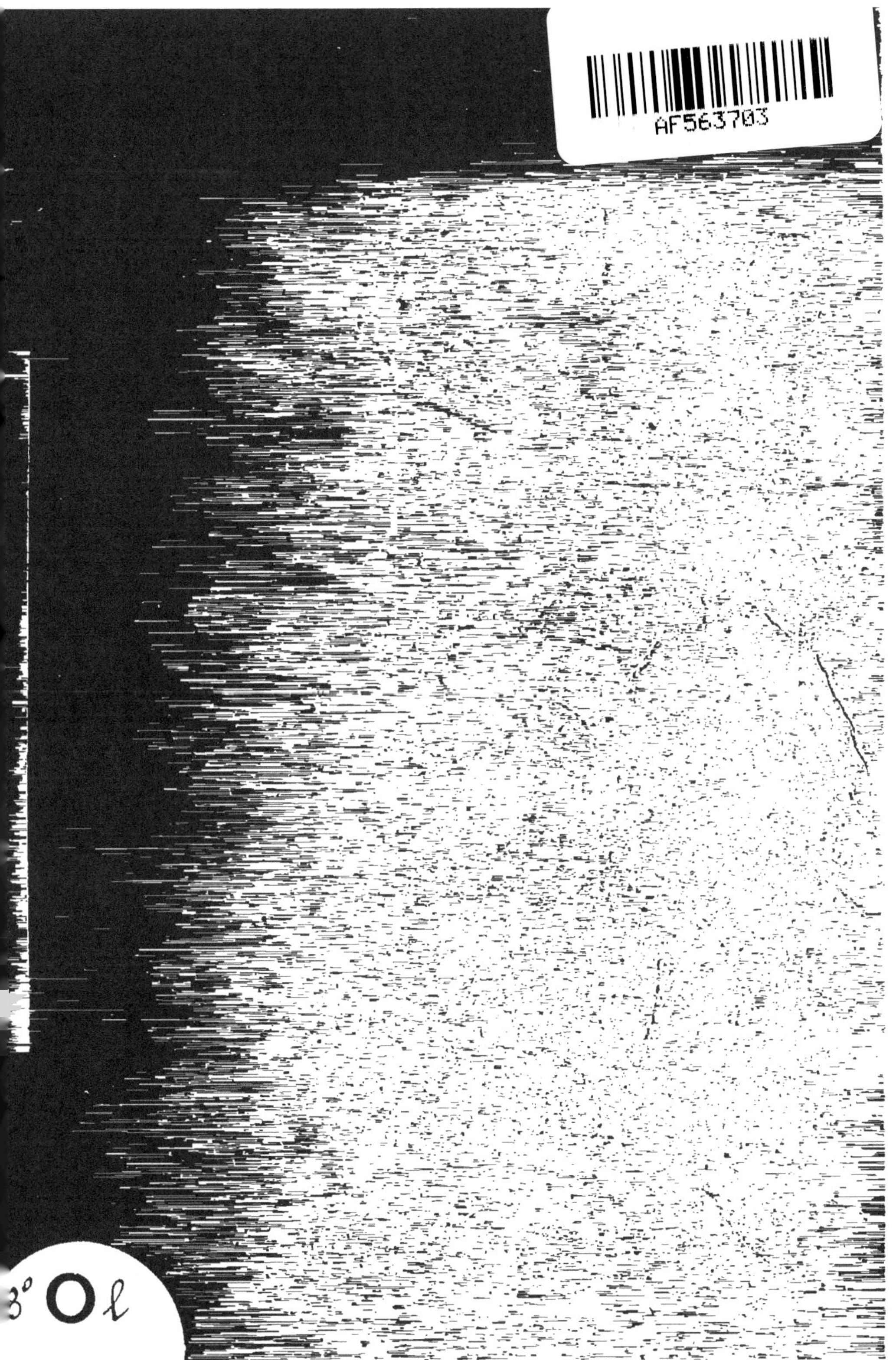
AF563703

MŒURS INDIENNES

ET

QUELQUES PENSÉES PHILOSOPHIQUES

PENDANT UN

VOYAGE A MAJAIJAI

(ILES PHILIPPINES)

PAR

P. DE LA GIRONIÈRE.

NANTES
IMPRIMERIE DE VINCENT FOREST ET ÉMILE GRIMAUD,
PLACE DU COMMERCE, 1.

1862.

MŒURS INDIENNES

ET

QUELQUES PENSÉES PHILOSOPHIQUES

PENDANT UN

VOYAGE A MAJAIJAI

(ILES PHILIPPINES).

Aux Philippines, les jours de Noël sont pour les curés de paroisses et les propriétaires d'habitations de véritables jours de corvée : les plus riches habitants du bourg, comme les plus pauvres, leurs femmes et leurs enfants, croiraient manquer dans ces jours de fête à tous les devoirs de la civilité, en ne se présentant pas pour baiser la main du curé et complimenter le chef d'habitation.

L'année dernière, désirant me soustraire à pareille ovation, je fis seller mes deux meilleurs chevaux; et, sans prévenir personne, je partis de chez moi à quatre heures du matin, sous les auspices d'une lune brillante, dont les reflets argentés n'avaient point à traverser une atmosphère vaporeuse.

Les voyages ne m'ont jamais été intéressants que lorsque j'ai pu m'éloigner des lieux où la civilisation a tracé des routes carrossables.

Me proposant une véritable partie de plaisir, je laissai à ma droite et à ma gauche les deux belles routes qui conduisent, l'une à San-Pablo et l'autre à Santa-Cruz, et je me dirigeai vers la montagne à laquelle est adossé le bourg de Calauang.

A une courte distance, je traversai le joli bouquet de cocotiers qui orne l'entrée de ma caféterie, et prenant un petit sentier à gauche, je ne tardai pas à cheminer dans la forêt vierge qui m'est si connue, car c'est sous ces arbres gigantesques que les dimanches je viens me délasser de mes pénibles travaux.

C'est sur le bord de la rivière, dont les eaux tumultueuses se précipitent entre les rochers, c'est à l'ombre de cette immense voûte de verdure que je me laisse aller à toutes mes rêveries, souvent bien bizarres, mais qui toujours me conduisent insensiblement à adorer le grand Créateur.

Rien assurément ne dévoile mieux la puissance de l'Être Suprême que l'examen et l'étude de la grande création dont nous ne sommes qu'un atôme. Le plus petit insecte, la plante la plus chétive, sont autant de perfections qui surpassent toute l'imagination de nous autres pauvres humains. Que de phénomènes, et je puis dire que de miracles, découvre l'observateur dans l'examen seulement de quelques plantes qui peuplent une forêt vierge, qui n'est, selon moi, qu'une immense réunion d'êtres vivants, dont les générations se succèdent selon l'ordre de la nature ; il faut des siècles à l'arbre gigantesque pour cesser de vivre, et quelques jours à la faible plante qui croît à son ombrage.

Pourquoi refusons-nous à cette nature vivante la sensibilité, la faculté même de se communiquer ?

Un germe se développe, s'orne de feuilles, de fleurs et de fruits; l'organe de la vue nous a suffi pour découvrir cette succession de phénomènes et notre intelligence pour les analyser ; mais nos organes, comme notre intelligence, ont une limite que la nature ne nous permet pas de franchir.

Nous voyons une fleur resplendissante de vives couleurs, exhalant un parfum délicieux : ce parfum, qui vient flatter notre odorat, n'est pas perceptible à notre vue, et ces couleurs, si vives et si variées, nous est-il possible d'expliquer comment-elles se sont formées ?

Qui peut nous assurer que le grand Créateur n'a pas donné à cette partie de son œuvre des facultés qui nous sont entièrement cachées ?

Est-ce que dans cette fleur qui s'épanouit dans la saison des amours, il n'y a pas un mystère qui nous est impénétrable ?

Nous refusons à ces pauvres plantes même l'instinct que nous accordons aux animaux. Cependant, voyez cette liane flexible qui ne prospérerait pas sans un appui : elle paraît faire un grand effort pour diriger ses jeunes rameaux vers l'arbre dont elle a besoin pour se soutenir.

Voyez aussi cet immense figuier qui doit son origine à une graine imperceptible qui s'était logée dans l'une des inégalités de l'écorce de l'un des grands arbres de la forêt. Là, elle s'est développée, a produit un faible arbuste, un humble parasite; mais peu à peu ses forces se sont accrues, alors il a livré un véritable combat à son père nourricier, il a étendu ses rameaux vers les nuages; de ses racines il a formé un solide réseau qui, de toutes parts, a comprimé son bienfaiteur jusqu'à ce qu'il l'ait étouffé. Victorieux, il s'est nourri de ses débris et a dirigé ses racines pour s'implanter sur un sol impuissant pour alimenter deux géants de la forêt.

Et ce palmier, dont le pollen léger va à plusieurs lieues féconder la fleur épanouie de sa femelle? Qui peut nous dire qu'il ne lui communique pas une douce pensée? Les zéphirs, qui ont transporté cette poussière fécondante, ne seraient-ils pas les fils électriques que Dieu a donnés aux plantes pour se communiquer entre elles?

Que d'exemples plus surprenants que ceux que je viens de relater l'observateur de la nature pourrait citer, et que de fois ce même observateur ne se dira-t-il pas: tout est possible au grand Créateur; mais il eût fait l'homme trop puissant s'il lui eût donné l'intelligence nécessaire pour découvrir tous les secrets de sa création.

Je me laissais aller à toutes mes rêveries, lorsque Arcos (l'Indien qui m'accompagnait) me fit rappeler que j'étais en voyage, en me disant : « Maître, où allons-nous ? » — « A Majaijai. » — « A Majaijai ! nous n'en prenons pas la » route, à moins que vous ne veuilliez passer au milieu » des bois par le chemin des Tulisanes. » — « Justement, » Arcos, c'est ce que je désire ; ainsi, conduis-moi par la » route des Tulisanes. »

Là se termina notre conversation. Arcos prit les devants pour me guider.

Pendant au moins une grande heure, je ne fis que monter et descendre par un sentier presque impraticable pour de bons chevaux. Je passai quatre fois la rivière de Calauang à gué, et après une dernière ascension, la route devint plus facile. J'étais sur le grand plateau où sont assises les deux plus hautes montagnes de cette partie de Luzon, le Majaijai ou Banaho et le San-Cristoval.

Le Banaho a 7.020 pieds d'élévation; à son sommet se trouve un énorme gouffre, le cratère d'un ancien volcan. Jusqu'au siècle, ce gouffre formait un grand lac, dont les eaux n'avaient pas d'issue; vers cette époque, elles firent écrouler l'un des bords du lac et se précipitèrent vers la base de la montagne en torrent impétueux, qui rasa tout ce qui s'opposait à son cours : un grand bourg fut complétement détruit; maintenant c'est la source d'une belle rivière qui va féconder une partie de la province de Tayabas.

La chaîne de montagnes que je venais de traverser conserve toutes les traces des bouleversements qu'a éprouvés cette partie de Luzon. Lorsque le Banaho et le San-Cristoval étaient des bouches ignées qui vomissaient des torrents de lave, sûrement ils n'agissaient pas seuls, et une série de satellites moins considérables étaient en ignition depuis le Banaho, dont la base est est baignée par l'Océan Pacifique, jusqu'à la partie sud du mont Maquilin, situé à une petite distance du volcan de Taal, encore en combustion, et peu éloigné de la mer de Mindoro.

J'avais laissé derrière moi trois de ces anciens cratères, le Tiaon, le Calisungan et le Dagatan ; j'étais alors entre les deux jolis lacs de Maicap et Palicpacquin, dont la forme circulaire et l'élévation des bords au-dessus des eaux indiquent assez l'origine ignée.

En analysant tous les phénomènes qu'avait éprouvés le vaste plateau que je dominais, je voyais cette immense étendue de terre en combustion ; ces admirables sites maintenant si frais, si animés par la végétation, ne représentaient que cendres, roches calcinées et laves incandescentes, enfin la désolation, car rien n'est horrible comme les abords d'un volcan ; c'est la nature représentant toutes les horreurs de la destruction.

Que de siècles n'a-t-il pas fallu pour effacer le désordre qui existait alors sur ce sol, maintenant si riche et si fécond : peu à peu la belle nature a repris ses droits et tous ces grands cataclysmes n'ont sans doute été qu'un bienfait du Créateur. Les grands foyers de destruction, en cessant d'agir, se sont transformés en énormes bassins, où viennent se réunir les eaux du ciel pour s'écouler dans les campagnes à l'époque où le soleil ardent ne permet plus aux nuages d'humecter les terres recouvertes de jeunes moissons.

Maicap, le premier des lacs que l'on côtoie en venant de Calauang, a presque un mille et demi de diamètre; ses eaux, toujours d'un vert foncé, ont une profondeur de trente à quarante brasses et n'ont issue que par une écluse que les habitants de Calauang ouvrent lorsqu'ils veulent irriguer leurs terres. — C'est à Don Inigo de Azaola qu'ils sont redevables du travail qu'il a été nécessaire d'exécuter pour établir cette belle pièce d'eau.

Ce lac est peuplé d'une grande quantité de caïmans, de deux espèces de petits poissons et de crevettes ; la couleur verte de ce lac vient de ce que ses eaux étant presque toujours stagnantes, il s'y développe une végétation microscopique.

Palacpacquin, séparé seulement par le hameau du même nom, est plus étendu et moins profond ; ses eaux claires et limpides s'écoulent naturellement et forment une des principales sources de la rivière de Calauang.

Lorsque j'arrivais sur ses bords, le jour commençait à poindre ; l'aurore paraissait gravir avec peine le sommet du Banaho ; les premiers rayons du jour animaient déjà le beau panorama qui se déroulait à mes regards.

Le Banaho, sur lequel je dirigeais ma vue, avait complétement disparu ; les vapeurs qui s'élevaient dans l'atmosphère le recouvraient entièrement et représentaient une immense et brillante glace. Cet effet ne dura que quelques secondes ; les vapeurs se dissipèrent et laissèrent à découvert sa masse imposante.

Je suivis ma route en côtoyant la base est de la montagne de Nacat, qui sert de limite aux territoires de trois bourgs, San-Pablo, Nagcarlang et Calauang.

Il me fallut bientôt laisser cette route agreste pour en prendre une carrossable, qui conduit de Santa-Cruz aux provinces de Bataugas et Tayabas.

Je ne voyageais plus alors au milieu de la nature sauvage, mais là où la civilisation a mis de l'ordre dans la confusion qui règne dans les contrées encore vierges. Là, les cocotiers, les caféiers et les verts bananiers ont remplacé la végétation géante qui protége sous son ombre la liane onduleuse et le gracieux pandanus. Quelques jolies cases indiennes, semées sur le bord de la route, indiquaient que je ne devais plus retrouver mes forêts vierges et les lieux agrestes que je venais de franchir : cette partie du voyage n'avait plus pour moi qu'un faible intérêt.

Désirant en rompre la monotonie, je me mis à faire jaser mon guide : il n'avait pas desserré les dents depuis sa demande sur le but de notre voyage.

— Est-ce que, lui dis-je, Arcos, cette grande route ne te paraît pas, comme à moi, bien ennuyeuse?

— Non, maître, ce n'est pas comme celle que nous venons de parcourir, où nous n'avons pas vu un chrétien ; sur celle-ci nous voyons des hommes comme nous, et des jeunes filles dans leurs beaux vêtements de fêtes.

— Tu veux dire des hommes comme toi, des Indiens, des hommes moitié civilisés, qui sont menteurs, voleurs et paresseux.

— Il est vrai, maître, que nous avons bien des défauts : nous sommes menteurs parce que dès notre plus bas âge nous tremblons devant les Castillans : la peur que nous avons d'eux nous fait cacher la vérité, lorsqu'elle pourrait nous attirer un châtiment. L'Indien riche est, comme vous dites aussi, paresseux, mais le pauvre en général travaille autant que peut le faire dans notre climat un homme qui souvent ne prend pour toute nourriture qu'un peu de riz et du sel ; et nous sommes si malheureux qu'il n'est pas étonnant que nous cherchions quelquefois à profiter des richesses qui sont si mal réparties sur la terre.

— L'Indien, Arcos, n'est malheureux que par sa faute ; les vices et la paresse causent tous ses malheurs !

— Laissez-moi, maître, vous énumérer toutes les charges qui pèsent sur nous et vous verrez si nous avons raison de nous plaindre.

— Parle, Arcos, je t'écoute.

— L'Indien, jusqu'à l'âge de douze ans, est heureux et libre comme l'oiseau qui ne connaît de maître que sa volonté. A douze ans on l'oblige à faire à tour de rôle avec les jeunes gens de son âge du bourg le service chez le curé :

c'est un service qui n'a rien de pénible, mais c'est déjà une suggestion, qui nuit souvent à un père de famille qui a besoin de l'aide de son fils aîné pour les soins qu'exigent les plus jeunes enfants. A dix-huit ans nous sommes portés sur la liste des contribuables, nous payons alors nos contributions, à peu près six francs par an; nous devons aussi donner quarante jours de notre travail tous les ans pour l'entretien des grandes routes; nous pouvons nous exempter de cette corvée en payant trois piastres par an, mais il n'y a que les riches qui peuvent payer une aussi grosse somme; généralement ils paient tous, et le travail alors est entièrement à la charge du pauvre. — Vous savez aussi, maître, que tous les ans on nomme un gobernadorcillo, des alguaziles, des percepteurs de contributions, des gardes pour le service du bourg et pour poursuivre les tulisanes : de tous ces emplois il n'y a que le gobernadorcillo qui est légèrement rétribué et qui, par l'autorité qu'il a sur ses compatriotes peut de temps en temps attraper quelques piastres : aussi c'est toujours un riche qu'on nomme gobernadorcillo : les emplois les plus pénibles, comme sont les gardes et les alguaziles, sont généralement remplis par les pauvres. Une autre charge qui pèse sur nous, c'est que nous ne pouvons pas sortir de notre bourg sans un passeport, et un passeport coûte de l'argent. — Chaque bourg est aussi obligé de fournir annuellement un certain nombre de jeunes gens pour l'armée : ils servent pendant sept ans, rentrent ensuite dans leurs foyers sans jouir d'aucun privilége. On dit :

l'Indien soldat est heureux : il est bien payé, bien nourri, bien vêtu... il n'a presque rien à faire; mais jugez, maître, si l'homme de la nature, comme nous, habitué à la vie libre des champs, et qui toujours ne porte que des vêtements légers, peut être heureux lorsqu'on le renferme dans une espèce de prison, qu'on le couvre d'habits qui lui oppriment tous les membres, et enfin qu'on lui fait passer sa jeunesse à apprendre à manier un lourd fusil. — Nous ne pouvons aussi ni fumer ni prendre un peu de vin de coco pour nous donner des forces sans payer ces denrées six fois plus cher que le prix que le gouvernement nous oblige à les lui vendre. Voilà, maître, tout ce que la nation espagnole exige de nous : ce n'est cependant qu'une partie de nos misères, car entre nous le riche et les autorités trouvent toujours moyen de tirer parti du pauvre prolétaire. A tour de rôle les habitants sont obligés de remplir les fonctions de garde national, et de faire un service de jour à la maison communale; on peut s'exempter de cette charge, mais en payant : — les riches paient, et le service reste aux pauvres. Nous contribuons aussi, en argent, pour fêter le patron du bourg et, en quelques jours de travail, pour le service de l'église. Lorsque les riches veulent demander à un saint quelconque de la pluie ou du beau temps, ils font célébrer une messe, qui coûte ordinairement seize piastres; pour la payer, ils s'imposent entre eux et nous font contribuer en argent ou en poules; celui qui n'en a pas, en vole à son voisin; la cérémonie d'église qui se célèbre avec pompe, est ordinairement suivie d'un grand dîner, où généralement ne prennent part que les riches et la noblesse. Vous savez que ceux qui ont été gobernadorcilles et percepteurs de contributions jouissent tous du titre de noble; c'est la récompense que leur donne le gouvernement pour les payer de leurs services. — Croyez-vous, maître, que d'après le tableau que je viens de vous faire nous soyons aussi heureux que le croient les Castillans? Lorsque nous sommes seuls et sans famille nous pouvons en travaillant beaucoup faire face à toutes les charges qui pèsent sur nous; mais le père de famille, celui surtout qui a plusieurs filles pour chacune desquelles il faut payer les mêmes contributions que pour lui, il lui est impossible de ne pas s'endetter, et les dettes conduisent à la prison. — Il faut dire aussi que nous sommes comme de grands enfants; nous ne savons pas ce qu'est la prévoyance; à peine possédons-nous une piastre que nous avons hâte de la dépenser sans nous enquérir même si nous avons du riz pour le lendemain. Nous comptons toujours sur la Providence, et souvent elle nous fait défaut. Lorsque nous sommes bien endettés, traqués par toutes les autorités du bourg, il nous reste une ressource : elle est de nous associer avec un riche pour travailler ses terres : il paie nos dettes, nous donne des instruments de labourage, et un ou deux buffles; nous partageons par moitié la récolte avec lui; sur la part qui nous revient il prélève ses avances : généralement cette part ne suffit pas pour les payer et ce qu'il nous reste à devoir est reporté sur l'année suivante. Cette vie d'association de casamahan, comme nous la nommons, est une vie d'enfer pour le pauvre : c'est un esclavage pour le reste de ses jours, car le riche s'arrange toujours pour que son associé soit son débiteur. Jamais je n'avais voulu entrer dans une pareille association, mais l'année que je me mariai, qu'il fallut pour premier déboursé payer sept piastres pour frais d'église, j'étais si endetté que je ne savais plus où donner de la tête : je me mis alors à voler des buffles et des chevaux; ceux à qui je les vendais, n'ignorant point comment je me les procurais, me les payaient à si vil prix que ce que j'en retirais ne compensait pas les risques que je courais. J'essayai alors un autre métier, celui de tulisan (*voleur-brigand*) : généralement on ne connaît des tulisans que quelques chefs; tous ceux qui font partie de leur bande ne sont pas connus et ont l'apparence de vivre paisiblement chez eux, mais lorsqu'il y a un bon coup à faire, ils sont prévenus par les émissaires (qui souvent sont des femmes), ils se réunissent de nuit dans un bois et le chef les conduit où il croit faire un bon butin : s'il réussit, on se le partage et chacun, par des routes différentes, rentre à sa case. Mes premières expéditions ne furent pas heureuses; trois ou quatre pauvres cases que nous escaladâmes, produisirent si peu que cela ne valait pas la peine de se le partager. Une nuit que notre chef nous avait promis un beau butin, nous fûmes surpris par des commissaires qui nous poursuivirent et tuèrent deux des nôtres : j'eus le bonheur de rentrer chez moi sans avoir été connu. Cette malheureuse expédition me dégoûta du métier et c'est alors seulement que je m'associai à un riche de mon bourg, qui paya mes dettes. Vous avez eu, maître, la bonté de le rembourser et de me prendre à votre service : sans vous je serais encore dans le triste esclavage du casamahan.

Là se termina la longue causerie de mon guide : pour le consoler, je lui dis :

— Rien ne se fait, Arcos, dans le monde que par la volonté de Dieu : ainsi il faut nous conformer aux misères qu'il nous envoie. C'est sans doute un avertissement qu'il nous donne pour que nous vivions honorablement sans voler ni mentir ni rester dans la paresse.

— Vous avez raison, maître, aussi me suis-je confessé à notre bon curé, qui m'a donné l'absolution, et maintenant j'espère bien vivre, comme vous dites, en bon chrétien.

— Dans mon intérieur je pensais que ses plaintes n'étaient pas dénuées de fondement. Sûrement si la nation espagnole, au lieu d'imposer une contribution individuelle, eût mis une taxe sur toutes les terres en culture et incultes, ses revenus se seraient considérablement accrus, elle se serait réservé la faculté de vendre sous sa garantie les terres qui n'avaient pas payé ou qui ne paieraient pas la taxe : cette mesure aurait fait considérablement prospérer l'agriculture, les femmes et les pauvres auraient été libres de tous impôts; celui qui aurait possédé des biens-fonds, se serait empressé d'en payer les contributions pour les conserver ; et les ventes des terres incultes étant faites sous la garantie du gouvernement, les acquéreurs n'auraient plus eu à craindre les interminables procès que font généralement les communes à ceux qui achètent des terres qui les avoisinent, et naturellement ces terres incultes auraient acquis une véritable valeur. La nation espagnole eût aussi trouvé un autre avantage, celui de n'avoir plus besoin de cette armée d'employés sans solde pour percevoir les contributions personnelles. Ce sont autant de bras, détournés des travaux agricoles, c'est un vingtième à peu près de la population en considérant que chaque percepteur et son aide ont seulement quarante contribuables à leur charge. Bien d'autres avantages surgiraient de cette mesure ; mais il serait trop long de les énumérer ici.

Le son d'une cloche me fit sortir de mes réflexions et m'annonça que j'étais près du bourg de Nagcarlan : avant d'y arriver, je passai près d'un édifice en construction dont l'architecture fixa mon attention : ayant demandé à un indien à quel usage on le destinait : « C'est, » me dit-il, » notre dernière demeure ; notre bon curé veut que nous » ayons un cimetière comme sans doute il n'y en aura » point dans toutes les Philippines. »

Cette réponse piqua ma curiosité et j'entrai par une belle et grande grille pour examiner l'intérieur.

C'est un vaste enclos circulaire, dont les murs de quatre à cinq mètres d'élévation forment des ondulations régulières qui se terminent par des corniches; au-dessous de chaque courbe formée par les ondulations il y a une ouverture à claire-voie et dans chaque intervalle qui sépare ces ouvertures, sont distribués des caveaux dans l'épaisseur du mur; en face de la grille d'entrée il y a deux chapelles en fer superposées, l'une souterraine et l'autre à un mètre d'élévation au-dessus du sol. Tout l'ensemble m'a paru d'un goût parfait; les ondulations des murs et leurs ouvertures à claire-voie rompent la monotonie que présente toujours une clôture d'une grande hauteur.

Si je n'avais pas connu depuis longtemps le curé de Nagcarlan, son œuvre m'eût fait juger du caractère de ce saint et digne ecclésiastique qui non-seulement est prodigue d'aumônes pour les vivants, mais qui emploie aussi toutes ses économies à orner le séjour où ses brebis déposent leurs dépouilles mortelles : pareil bienfait ne sera sans doute jamais oublié. et la veuve et l'orphelin qui viendront adresser leurs vœux à l'Être Suprême, prieront aussi pour le bon père Vello.

Je ne tardai pas à arriver au bourg de Nagcarlan où devait être ma première halte.

La réception que me fit le père Vello ne me laissait rien à désirer : je pouvais lire sur sa physionomie, qu'il me disait du fond du cœur : « Vous êtes chez vous! commandez ! »

Sur une immense table étaient servis des rafraîchissements de toutes espèces, car on attendait les visites de Noël.

Le gobernadorcillo et toute la noblesse du bourg ne tardèrent pas à se présenter : après les compliments d'usage et après avoir baisé la main du curé, ils entourèrent la table : un maître des cérémonies les servit : arrivèrent après eux leurs femmes et leurs enfants, vêtus avec tout le luxe que peut imaginer la coquetterie indienne ; — les sagas de soie; les mouchoirs de filaments d'ananas, les peignes en or, les pantoufles brochées d'or et d'argent et le rosaire de corail donnaient à toutes ces riantes physionomies un aspect de joie et de gaieté, capable de dérider les noirs soucis d'un véritable atrabilaire.

Les derniers venus entourèrent aussi la table et leur bon appétit pour les friandises ne leur fit pas défaut.

Enfin le *besa-manos* (baise-main, nom qu'on donne à cette cérémonie) se termina par la visite des prolétaires et des infirmes tout-à-fait pauvres : ils eurent tous aussi place à la table.

Dans toute cette longue cérémonie et cette grande affluence d'hommes que l'on considère demi-civilisés, l'ordre et les convenances furent observés peut-être avec plus de décorum que parmi les habitants de la vieille Europe : les friandises avaient disparu, les flacons étaient vides, mais pas un des convives n'avait abusé des largesses alcooliques du bon père Vello.

Après le dîner, où assistèrent deux pieux laïques, apprentis moines, le commandant d'une petite garnison permanente à Nagcarlan, le maître d'école et ses deux filles, pieuses personnes de quatorze à seize ans, je profitai de l'heure de la sieste pour continuer mon voyage vers Mahaghag.

A la sortie du bourg je traversai un torrent dont les eaux, bondissant de rocher en rocher, prennent leur source vers le Banaho et vont se jeter dans le lac de Bay.

La route, bordée à droite et à gauche d immenses plantations de cocotiers, passe au milieu du bourg de Lilio, si heureusement situé pour la vue que de la porte de l'église on découvre toute la lagune de Bay, Talem, Jalajala, et la grande étendue de terres cultivées qui le sépare du lac.

J'arrivai à Mahaghag vers cinq heures du soir : le père Rico que je n'avais pas vu depuis vingt-deux ans, dormait encore sa méridienne.

Le bourg de Mahaghag, par son heureuse position sur le versant nord-ouest du Banaho, par les sites pittoresques qui l'entourent, la belle cascade nommée Butereau (dont bientôt j'aurai occasion de parler), et surtout par les manières franches et cordiales du père Rico, est devenu l'endroit des Philippines où les touristes de toutes les nations font leurs bonnes excursions.

Le couvent est un des plus beaux des Philippines : le père Rico occupe une ou deux chambres adossées à l'église, et toute la façade du couvent, divisée en salons magnifiques confortablement meublés, est destinée aux étrangers : il est impossible d'exercer plus largement l'hospitalité que ne le fait le bon curé de Mahaghag.

Pendant que je causais avec un jeune Suisse qui depuis une quizaine de jours était établi au couvent comme s'il eût été chez lui, le père Rico s'éveilla : pour réception il me donna une fraternelle accolade; dans une courte conversation, nous nous rappelâmes le temps passé à Jalajala où j'avais si souvent eu le plaisir de le recevoir.

La musique du bourg vint interrompre notre amicale causerie. C'est, me dit le père Rico, qu'il y a bal chez le gobernadorcillo, la musique vient nous chercher, prépărons-nous et allons au bal.

Nos préparatifs ne furent pas longs à se terminer et la musique, qui nous jouait un morceau de la *Dame Blanche*, nous conduisit à la maison du gobernadorcillo où déjà les plus jolies indiennes du bourg dans leurs vêtements de fête n'attendaient que l'arrivée de leur pasteur pour se livrer au plaisir de la danse.

Dans un des salons étaient servi avec la profusion indienne, qui ne connaît point de limites, toutes les confitures et pâtisseries imaginables; on m'y fit passer pour prendre la tasse de chocolat, collation habituelle des riches. La musique faisait déjà exécuter à la jeunesse des contredanses et des valses tout-à-fait européennes; les Lanciers, les Polkas, ont remplacé à Mahaghag les danses caractéristiques du pays; la civilisation, qui généralement se développe d'une grande ville vers les faubourgs et des faubourgs vers les populations les plus voisines, a fait un bond des faubourgs de Manille aux populations de la montagne, laissant les populations intermédiaires bien en arrière. Deux causes me paraissent avoir produit cette anomalie : — l'une est que le bon pasteur a toujours dit à ses paroissiens : « Enfants, faites le bien et amusez-vous honorablement; » — l'autre consiste en ce que les récoltes des habitants des plaines, le riz et le sucre, se font à une seule époque de l'année, — l'imprévoyant indien, qui en reçoit les produits immédiatement, a hâte de les absorber sans penser à l'avenir et passe une partie de l'année dans le besoin.

La principale richesse des indiens de la montagne est la culture du cocotier, duquel ils retirent l'huile et l'alcool du coco (*vin de coco*); ces deux produits s'obtiennent presque journellement et le cultivateur ne peut en réaliser la valeur que successivement, sans pouvoir absorber tous ses revenus dans quelques jours, et par conséquent est toujours à l'abri du besoin et dans les bonnes occasions n'est pas pris au dépourvu.

Je rentrai au salon où la jeunesse folâtre et légère bondissait au son de la bruyante musique qui, les dimanches et jours de fêtes, invite cette même jeunesse au recueillement et à la prière.

Le père Rico me présenta les personnes les plus notables, entre autres une jeune femme, épouse du plus riche propriétaire du bourg. Quelques mois avant, il lui était arrivé un épisode affreux, qu'elle-même me raconta dans les termes que je reproduis ici :

« Une nuit que les habitants, dans une sécurité par-
» faite, se préparaient au repos, le bourg fut envahi par
» une troupe de tulisanes: ils se dirigèrent chez nous,
» ils savaient pouvoir y faire un bon butin. Mon mari me
» fit évader par une porte de derrière, espérant avoir,

» lui, le temps de sauver mes objets les plus précieux ; » mais il arriva trop tard et fut obligé de s'échapper par » une fenêtre. Je portais dans mes bras une jeune fille » malade; ayant remarqué que le grand air lui faisait » une si pénible impression qu'elle jetait des cris, je ren- » trai et me cachai de manière à espérer que les tuli- » sanes ne me trouveraient pas; mais j'eus le malheur » d'être découverte. Alors ils me traînèrent en face de » ma maison; là, ils m'entourèrent, et le chef, prenant » la parole, me dit : Où est ton argent ? où sont tes » bijoux ? Si tu déclares la vérité, il ne te sera pas fait » de mal. Je répondis que mon mari ne gardait jamais » d'argent ni de bijoux chez lui, que tout était déposé à » Pageaujan. Alors s'adressant à sa troupe, il leur dit : » Enfants, faites-la confesser. Entre quatre ils me sai- » sirent les bras et les pieds, et deux se mirent à me » gratter les jambes avec deux morceaux de bambous » coupants. C'était, disaient-ils, pour m'écorcher toute » vive. Les douleurs que j'éprouvais étaient atroces; deux » fois je perdis connaissance : les barbares, pour me faire » revenir, me jetaient de l'eau à la figure; ils m'acca- » blèrent d'injures et recommencèrent leur cruel tour- » ment. Dans les angoisses d'une véritable agonie, je » leur indiquai où était notre trésor : ils s'en emparèrent » et partirent chargés de butin. Cependant ils avaient » peur de Dieu, car ils respectèrent nos plus beaux bril- » lants qui ornent les vêtements du Christ devant lequel » nous prions tous les jours en famille.

» Ah ! Monsieur, quelle affreuse nuit : on n'entendait
» que cris et clameurs. Notre bon curé, de sa terrasse,
» appelait avec toute la force de sa voix les habitants
» pour me secourir; mais que pouvaient-ils faire sans
» armes contre cette troupe de bandits qui, de temps en
» temps, déchargeaient leurs carabines pour en imposer
» à ceux qui auraient pu les attaquer.

» Aussitôt qu'ils s'éloignèrent, on me transporta chez
» moi, car il m'eût été impossible de me tenir debout.
» J'ai été longtemps à me guérir des horribles plaies que
» m'avaient faites ces barbares ; heureusement qu'elles
» n'ont pas eu de mauvais résultats, car vous voyez que
» maintenant je puis danser comme mes compagnes. »

Le maître de la maison vint nous prévenir que le souper nous attendait. Nous passâmes dans la pièce voisine, où des mets succulents, servis en abondance, avaient remplacé la collation.

A oze heures se termina cette jolie fête, où l'ordre et la décence avaient été observés avec une si scrupuleuse exactitude, qu'elle aurait pu servir de modèle aux nations les plus civilisées.

Nous rentrâmes au couvert. Le jeune Suisse, qui n'avait pas perdu une contredanse, put prendre du repos. Nous avions, le père Rico et moi, trop de choses à nous dire pour ne pas sacrifier quelques heures de sommeil à causer, et ce fut seulement bien après minuit qu'il me dit : « Demain, vous voulez suivre votre voyage et il faut

« que je dise une messe : allons nous reposer jusqu'au » jour. »

Mais comme la nuit pour moi était encore trop longue, je me mis à écrire ces quelques lignes relatives aux moines des Philippines.

Les moines, aux Philippines, administrent spirituellement la plus grande partie des cures; à part quelques rares exceptions, ils sont tous Européens et appartiennent à quatre ordres : les Dominicains, les Augustiniens, les Récollets et les Franciscains. Souvent ils sont injustement critiqués par d'inconsidérés touristes, qui sans doute se figurent qu'un homme qui a prononcé des vœux doit vivre dans une austérité continue, sans participer à aucune des joies de ce monde. Je ne prétends pas qu'ils soient tous parfaits : ils sont hommes; et en existe-t-il beaucoup dans le monde sans passions ? Cependant, sans aucun doute, ce sont de dignes pasteurs, utiles à leur pays, utiles à la société : ils font adorer notre Dieu, ils prêchent la vertu à des hommes qui, sans eux, vivraient encore dans l'idolâtrie, ils font le sacrifice de leur existence à enseigner le bien à des populations indiennes, au milieu desquelles leur mission ne s'accomplit qu'avec la vie. Et ces légers critiques, ne sont-ils pas heureux de trouver toujours au presbytère un gracieux accueil et un bon gîte ? Car jamais l'hospitalité sans limites n'a été refusée par un moine des Philippines.

Après avoir dormi quelques heures, je m'éveillai, lorsque les reflets du soleil éclairaient déjà les vitraux en nacre qui, aux Philippines, protégent les habitations de ses rayons trop ardents. Je faisais déjà mes préparatifs pour aller au Butucan, lorsque Arcos vint, tout chagrin, me prévenir que mon cheval favori, mon Castaneo, était malade et dans l'impossibilité de me servir. Ce contretemps dérangea tous mes projets. Je me décidai à laisser Arcos à soigner le cheval et à m'en retourner seul, en passant par le bourg de Nagcarlan.

Je ne veux cependant pas faire mes adieux à Mahaghag sans donner ici une courte description de la cascade que j'avais le projet d'aller revoir.

Le Butucan est une cascade d'un aspect remarquable : au milieu d'une riche et admirable végétation, un torrent coule paisiblement sur un lit de rochers ; peu à peu son niveau s'abaisse, ses eaux commencent alors à bouillonner, et tout-à-coup elles se précipitent perpendiculairement d'une hauteur de trois cents pieds ; elles tombent écumeuses et bouillonnantes dans un vaste bassin, d'où elles s'écoulent par un canal taillé dans le roc avec tant de régularité, qu'il paraît plutôt œuvre de main d'hommes que du travail incessant et continu des eaux.

C'est du sommet que les curieux vont admirer le bel effet que produit cette chute extraordinaire ; il faut l'examiner sur trois points différents : l'un, d'où l'on voit le torrent se précipiter sans découvrir toute sa chute ; l'autre, où, formant une large nappe, il coule paisiblement jusqu'à l'endroit où tout-à-coup il disparaît dans cette espèce de gouffre ; et enfin le troisième, où l'on découvre tout l'espace de sa chute et le vaste bassin qui le reçoit.

Il y a peu de jours, un négociant allemand, bon nageur, fit ce que n'avaient pas encore imaginé les admirateurs du Butucan : il s'y baigna.

Il était descendu près du bassin, à l'endroit où les deux berges du canal sont presque au niveau de l'eau. En examinant cette onde si claire et si limpide que, malgré la profondeur de quelques mètres, on peut en apercevoir le fond, le désir lui vint de s'y baigner et de passer sur l'autre rive. L'imprudent sans doute ignorait la force du courant, et n'observait pas qu'à quelques brasses plus bas les deux bords du canal s'élèvent perpendiculairement et ne lui permettraient pas de remonter sur la berge.

A peine fut-il à l'eau, que le courant l'entraîna comme la feuille légère qui tombe à la surface ; en vain il faisait tous ses efforts pour le combattre, en vain il cherchait à s'accrocher à la rive, mais partout il ne rencontrait que des pointes de roches qui le blessaient et ne pouvaient pas lui servir d'appui. Plus il était entraîné, plus la force du courant augmentait. Bientôt épuisé et perdant tout mouvement d'action, il ressentait déjà les angoisses d'une asphyxie.

Sa sœur et son beau-frère, du haut de la cascade, témoins d'un si terrible accident et impuissants pour porter secours à leur malheureux frère, jetaient des cris de douleur et de détresse.

L'Indien qui l'avait accompagné, leste et agile, sauta de rochers en rochers, dans un instant coupa deux bambous, en jeta un en travers sur le canal et se servit de l'autre pour atteindre avec la main la surface de l'eau, et au moment où le malheureux Allemand passait inanimé, il le saisit par un bras et, grâce à des efforts inouïs, parvint à le placer sur la pente glissante qui forme la berge du canal; mais, en apparence, c'était encore un cadavre qu'il avait tiré de l'eau.

C'est alors qu'on peut se figurer les angoisses et l'anxiété des spectateurs : ils voient le corps de leur malheureux frère sans mouvement hors de l'eau, mais sera-t-il rendu à la vie ?

Son sauveur, jugeant que de l'endroit où il l'avait déposé il ne pouvait plus retomber dans le canal, s'éloigna de quelques pas pour couper une liane dont il voulait se servir pour l'attacher et le porter à ses amis. A peine s'en était-il éloigné, que le malheureux asphyxié, revenant à lui et faisant un léger mouvement convulsif, venait rouler une seconde fois au fond du canal, dans un endroit où le courant est encore plus rapide et à quelques brasses plus bas forme une autre cascade où va être broyé le corps du malheureux baigneur. L'Indien, qui connaît tout le danger, s'empare de ses bambous; vole une autre fois à son secours : il arrive à temps pour retirer encore de l'eau presqu'un cadavre. Alors il ne l'abandonne plus, le voit revenir à la vie, annonce cette bonne nouvelle à sa sœur et prévient qu'on envoie promptement chercher des secours au couvent, car lui, au bout de ses forces, ne peut plus que soigner le pauvre moribond.

Aussitôt que le père Rico eut connaissance de ce terrible épisode, il envoya tous les secours nécessaires, et seulement quarante Indiens, munis de cordes, ont pu remonter sur la route l'imprudent baigneur, qui, couché dans un bon hamac, fut transporté au couvent. Trois jours de repos effacèrent les traces qu'avait laissées un si terrible bain, mais cependant ne le lui firent point oublier.

Cet épisode, qui pouvait avoir des suites si fâcheuses, m'en fait rappeler un tout-à-fait comique arrivé à deux de nos compatriotes sur le cours de la rivière où s'écoule le Butucan. M. Ad. Barrot, consul à Manille, et le docteur Mallat, étaient à passer quelques jours à Pageaujau; ils se proposèrent de remonter la rivière de Butucan jusqu'à la cascade; ils se firent accompagner par quelques Indiens qui leur procurèrent une très-petite pirogue, afin de faciliter leur navigation entre les rochers dont est encombré le cours de la rivière. Ils étaient déjà remontés assez haut et se trouvaient dans la partie où les deux rives, coupées à pic dans le roc à plus de deux cents pieds d'élévation, ont plutôt l'aspect de l'entrée d'une caverne que du lit d'une rivière; ils avaient passé sous des rochers qui paraissaient comme par enchantement suspendus au-dessus de leurs têtes et dans un endroit où la pâle lumière du soleil arrive, mais où jamais ne pénètrent ses rayons. Assis dans leur pirogue, ils admiraient les effets bizarres qu'avait produit l'action des eaux, lorsque le docteur aperçut un énorme ignane qui fuyait devant eux ; il se leva précipitamment pour lui lâcher un coup de fusil ; son mouvement fut si brusque, qu'il fit chavirer la pirogue. L'endroit était très-profond, mais ils savaient nager, et sans difficulté ils atteignirent des rochers où ils prirent pied. Ce bain involontaire ne leur coûta que le fusil du docteur qui était allé au fond ; malgré tous les efforts des Indiens pour le repêcher, ils ne le purent pas ; lorsqu'en plongeant ils arrivaient à une certaine profondeur, le froid qu'ils éprouvaient les obligeait à revenir à la surface de l'eau. Ils firent le sacrifice du fusil et rebroussèrent chemin, car dans l'espèce de caverne où ils étaient et avec leurs vêtements mouillés, le froid les pénétrait jusqu'aux os.

Lorsqu'ils arrivèrent dans un endroit où les deux rives ne sont plus escarpées, ils mirent pied à terre et se dirigèrent à la case d'un Indien : les maîtres étaient absents, cela ne les empêcha pas d'entrer et de chercher des vêtements pour se changer. Dans un coffre, ils trouvèrent tous ceux du dimanche de la maîtresse de la maison : ils avaient trop hâte de sécher les leurs pour ne pas en profiter ; ils se les partagèrent et chacun d'eux s'en affubla.

On peut se figurer M. Barrot et le docteur en sayas d'une Indienne qui avait tout au plus quatre pieds six pouces ; ils rirent à gorge déployée l'un de l'autre pendant plusieurs minutes. La maîtresse de la maison arriva. Loin de se fâcher, elle fut longtemps à maîtriser l'hilarité que lui causaient ses belles sayas si mal portées.

Lorsque leurs vêtements furent secs, ils donnèrent quelques piastres à l'Indienne et lui rendirent les siens, malgré le désir du docteur qui aurait voulu les conserver pour s'en servir un jour au bal masqué de l'Opéra.

Le Butucan et les bains involontaires m'ont terriblement éloigné de Calauang, où je m'étais décidé à retourner. Je fis mes adieux au bon père Rico, laissai Arcos à soigner mon Castaneo, et seul je repris la route de Nagcarlan, où j'arrivai vers neuf heures du matin. Au couvent, il y avait grande réunion de moines; le vicaire de la province était venu avec quelques amis pour passer le dernier jour de Noël avec le père Vello. Comme généralement tous les curés ont voitures et de bons chevaux et que les routes dans cette partie de l'île sont bien entretenues par la corvée, ces messieurs se visitent fréquemment.

Toute la matinée se passa en réjouissances. Un des jeunes laïques dont j'ai déjà parlé se vêtit grotesquement; armé d'un bâton, il vint faire une scène à l'un des moines qu'il supposait l'avoir insulté : il représentait assez bien son rôle pour nous intéresser tous et nous faire rire aux éclats. Toute cette bonne gaieté n'avait rien qui dépassât les convenances. Elle me fit rappeler qu'à une époque où j'étais à Paris, un de nos soutiens de l'Église, Mgr ***, chantait, pour nous amuser, de longues tirades en langue arabe dont il ne comprenait pas un mot.

Arcos, qui sans doute avait quelques projets qui l'attiraient à Nagcarlan, était arrivé peu d'heures après moi en amenant mon cheval qu'il disait entièrement remis.

Un bon dîner, servi avec profusion, ajouta encore à la gaieté qui avait régné toute la matinée au couvent; pour moi, elle fut interrompue par une mauvaise nouvelle : un servant du curé vint me prévenir que mon pauvre Castaneo était mort. Ma première impulsion fut de donner une bonne volée à Arcos; mais un peu de réflexion me fit trouver plus sage de me résigner avec mansuétude au contretemps qui m'arrivait.

Les bons moines, pour ne pas changer leurs habitudes, allèrent dormir la méridienne. Je montai à cheval, suivi d'Arcos, portant sur son dos la selle et la bride de mon pauvre cheval; je repris la route de Calauang.

A peu de distance du couvent, je remarquai un groupe d'Indiens, dont quelques-uns avaient les mains couvertes de sang : je m'approchai et vis qu'ils étaient tous occupés à se partager mon pauvre Castaneo. Pour l'Indien, la chair du cheval est un véritable régal, surtout lorsque la bête est morte en bon état d'embonpoint.

Je me dirigeai vers la grande forêt de cocotiers qui s'étend depuis le bourg de Nagcarlan jusqu'au territoire de Calauang; je ne suivais aucune route; je cheminais entre les plantations; il me fallût traverser la rivière de Malapat qui prend sa source dans la province de Tayabas et va se jeter dans le lac de Bay au bourg de Santa-Cruz.

Je passai près d'un Indien qui venait de prendre au piége un énorme singe; il se préparait à l'assommer : le prisonnier paraissait comprendre que sa dernière heure était arrivée et semblait demander grâce; cette remarque me fit intercéder pour lui et je dis à l'Indien : — regarde ce pauvre animal ! il te supplie de lui faire grâce, — il est, comme toi, une créature de Dieu, — donne-lui la liberté et tu feras une bonne œuvre.

Une bonne œuvre — me répondit l'Indien d'un air tout stupéfait, — dites plutôt que je commettrais une mauvaise action envers mes concitoyens si je donnais la liberté à ce maraudeur, à ce chef de toute une bande qui est cachée dans les arbres voisins pour nous observer. Entre nous, qui sommes des êtres raisonnables, il y a une justice qui punit de la prison ou de mort celui qui nuit à ses semblables, — pourquoi voulez-vous que cet animal, qui comme vous dites est une créature de Dieu, soit exempt du châtiment qu'il a mérité ? Lui et toute sa race maudite sont les plus grands destructeurs dont nous ayons à nous défendre; lorsqu'ils arrivent dans nos cocotiers, non-seulement ils détruisent les fruits bons à manger, mais encore tous ceux qui à peine viennent de naître; et si c'est dans une plantation dont nous retirons la sève pour faire du vin de coco et qui par conséquent ne produit pas de fruits, ils nous font encore un bien plus grand tort, — ils décrochent tous les vases en bambou que nous suspendons aux spathes pour en recevoir la sève, — ils se rassasient jusqu'à l'ivresse de cette liqueur et ensuite comme des furibonds ils parcourent toute la plantation d'un arbre à un autre, — arrachent nos vases, — les jettent à terre, et seulement la nuit où un propriétaire vigilant leur a fait cesser leur destruction il suffit qu'une bande ait passé dans une plantation pour nous faire perdre plusieurs jours de récolte et avoir un grand travail à faire pour rétablir ce qu'elle a détruit.

— Et dites-moi, charitable Castillan, est-ce qu'on ne tue pas un pauvre cerf, qui ne fait de mal à personne, pour s'en nourrir? Je vous assure que la chair du singe est aussi bonne et je ne vois pas pourquoi je me priverais de m'en régaler.

Les raisons de l'Indien me parurent si plausibles que je ne pus pas m'empêcher de lui dire :

— Que justice soit faite!

Alors du dos de son coutelas il lui asséna un grand coup sur la tête; il sortit des cris de tous les arbres voisins et nous entendîmes la bande des maraudeurs sauter de branche en branche et s'éloigner du lieu où leur chef venait d'être exécuté.

Dans un instant l'Indien le dépouilla et m'en offrit un quartier; je refusai, car j'aurais plutôt mangé une tranche de mon Castaneo que de la chair de ce quadrumane.

Je souhaitai bon appétit à l'assommeur de singes et continuai ma route.

Je me rapprochai de Calauang sans avoir éprouvé les bons effets que j'espérais de ce petit voyage; je m'étais bien soustrait aux baise mains de mes colons, mais de violents maux de tête, continus depuis plus de trois mois, n'avaient point cédé à la distraction du voyage et surtout à l'exercice du cheval qui pour ma santé avait toujours été d'un si bon effet.

Ces maux de tête, si constants, étaient accompagnés de symptômes qui me faisaient croire à une maladie mortelle : aussi avais-je pris mon courage à deux mains et me trouvais-je dans la position de celui qui va entreprendre un long voyage. Je me livrais alors insensiblement à toutes les réflexions qui naturellement préoccupent celui qui voit arriver avec calme les derniers moments qu'il doit passer sur la terre.

Je me disais à moi-même :

Les générations se succèdent ; celles qui disparaissent rendent à la terre les éléments qui formaient leur enveloppe mortelle : là, confondus, divisés, les plantes les élaborent, les réunissent pour les rendre de nouveau propres à l'accroissement des générations successives. C'est un travail continu, incessant, de la nature qui ne peut s'arrêter que lorsque la terre, sèche et aride, sera comme la lave fumante vomie par un volcan, ou recouverte d'une glace éternelle. Voilà ce que notre intelligence peut comprendre de l'ordre immuable suivi par la nature ; mais le grand secret est celui de savoir que devient notre esprit, notre âme, lorsqu'il s'échappe de son enveloppe ? Tout ce que le grand Créateur a fait à la portée de notre intelligence, ce sont des miracles si parfaits d'une organisation, je ne dirai pas si savante (car le mot est trop faible pour exprimer ma pensée), que sans aucun doute un Dieu si bon et si puissant ne nous a point fait naître et mourir pour arrêter là son œuvre : — elle serait incomplète, et toutes les réflexions, que l'homme sensé peut faire, le conduisent naturellement à une résurrection qui, sous n'importe quelle forme qu'elle soit, sera pour atteindre la perfection qui, hélas! est si loin de notre espèce. L'homme juste, celui qui peut se dire : je vais exempt de blâme où m'appelle mon Dieu, mon Sauveur.... doit donc envisager la mort avec calme, et n'avoir de regret de quitter la terre que pour les tendres affections qu'il laisse après lui.

J'étais encore tout préoccupé de ces pensées consolatrices qui si puissamment atténuaient les violents maux de tête que je souffrais, lorsqu'il me fallut mettre pied à terre. J'étais chez moi.

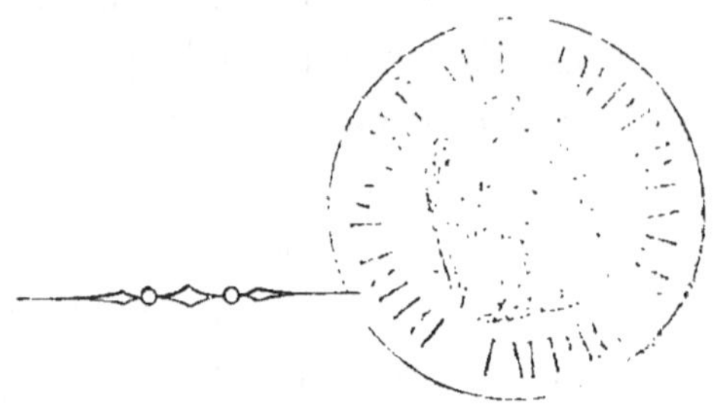

Nantes, imp. VINCENT FOREST et ÉMILE GRIMAUD, pl. du Commerce, 1.

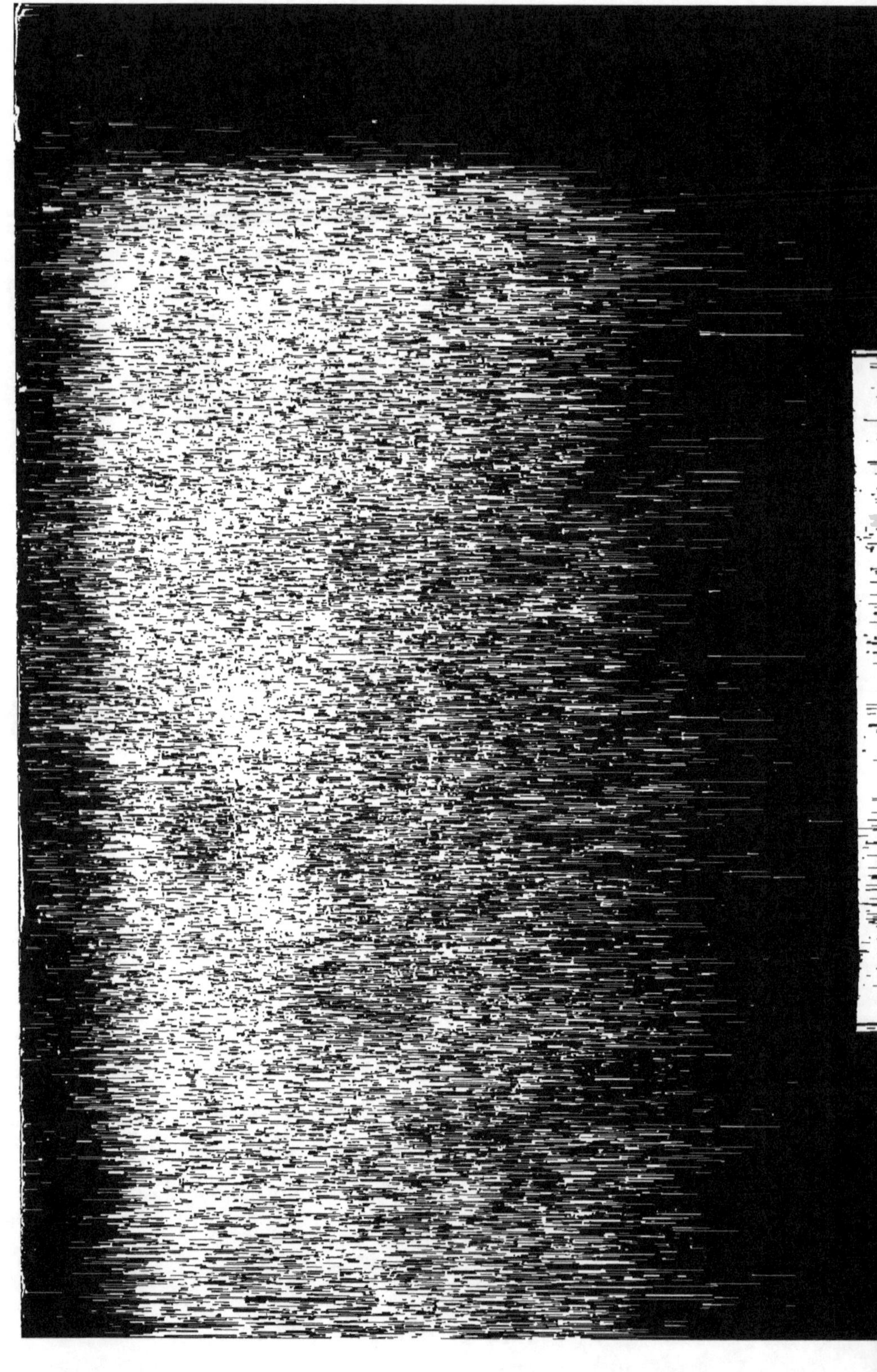

www.ingramcontent.com/pod-product-compliance
Lightning Source LLC
LaVergne TN
LVHW020248230826
846091LV00006B/2304

* 9 7 8 2 0 1 1 7 7 2 8 9 3 *